Guarda e Trova

Looney Tunes

CE

© 1994 Warner Bros
© 1997 by *EDICART* Junior
I Ristampa
EDICART Junior è un marchio del Gruppo *EDICART*
Gruppo Editoriale *EDICART* Via Jucker, 28 - Legnano (MI)
Titolo originale: *Bugs Bunny and Friends*
Traduzione di *Robert Smith*
Tutti i diritti sono riservati
Stampato in Cina

EDICART Junior

D1727902

Nella foresta

Finalmente! Riapre la stagione della caccia e nella foresta... Ma in questa stagione si caccia l'anatra o il coniglio? L'alce o il granchio? Non sarà... addirittura la stagione del baseball?! Con Daffy Duck più furbo di Taddeo e Bugs Bunny più furbo di tutti e due, forse nessuno lo sa per certo. L'unica cosa di cui Bugs è sicuro è di aver bisogno di una buona vacanza: se ne va a Pismo Beach, lasciando a sistemare le cose Taddeo e Daffy.

Sai trovare Bugs Bunny, Taddeo e Daffy Duck? Poi cerca gli altri personaggi che abitano il bosco.

Bugs Bunny

Taddeo

Daffy Duck

Il gufo musicista

Una trota arcobaleno

Piedone

Un cinghiale

Il guardacaccia

Nel deserto

A prima vista questa sembrerebbe Pismo Beach. C'è un gran caldo, sabbia e sole, ma non si vede il mare... Forse Bugs Bunny ha sbagliato direzione ad Albuquerque ed è finito nel deserto. Sembra anche che un certo genio tutto matto, detto Wile E. Coyote, sia nei pressi. Lui farebbe qualsiasi cosa per cucinarsi Bugs in un appetitoso stufato di coniglio! Bugs non dovrebbe avere troppi problemi, però. i piani del Coyote, si sa, si ritorcono sempre contro di lui.

Prima trova Bugs e Wile E. Coyote; poi cerca i personaggi del deserto.

Bugs Bunny

Wile E. Coyote

Capitan Croissant

L'uomo della Sabbia

Chesete Quattrofontane

Tonio Olio

Carcass Etta

Il Lucertolone gigolò

Nel Far West

Scavare gallerie è un lavoro duro, così Bugs Bunny ha deciso di fare un riposino sgranocchiandosi una carota ed è sbucato nel Far West. Ma la città dove è arrivato appartiene a Yosemite Sam, e, secondo Sam, la città non è abbastanza grande per tutti e due. Bugs ha tempo fino al tramonto per levarsi di torno. Però a Bugs non importa molto di essere scacciato; lui deve comunque raggiungere Pismo Beach. Ma puoi stare certo che darà una lezione a Sam prima di andarsene!

Prima trova Bugs e Yosemite Sam, e poi trova gli altri personaggi del Far West.

Bugs Bunny

Yosemite Sam

Generale La Mostarda

Gino Tontolino

Jamie Jess

Anna Cannadifucile

El Drito

Bella Stella

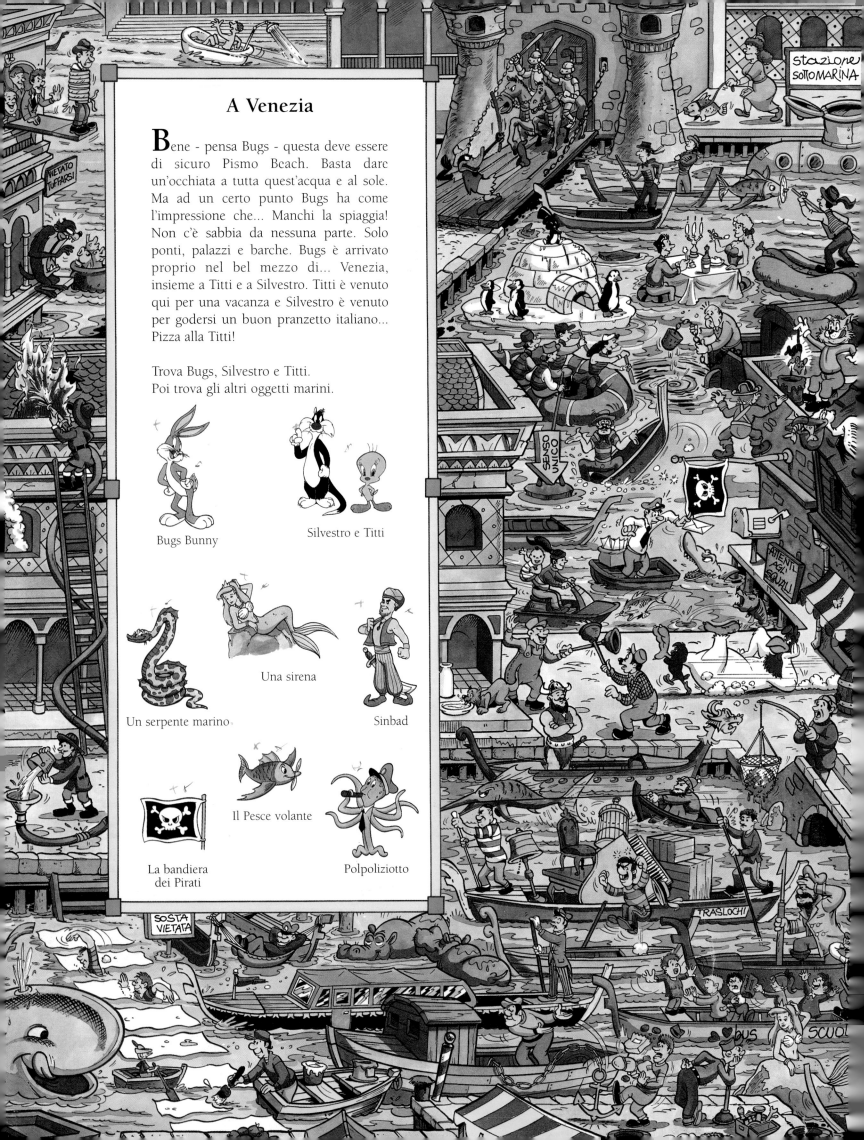

A Venezia

Bene - pensa Bugs - questa deve essere di sicuro Pismo Beach. Basta dare un'occhiata a tutta quest'acqua e al sole. Ma ad un certo punto Bugs ha come l'impressione che... Manchi la spiaggia! Non c'è sabbia da nessuna parte. Solo ponti, palazzi e barche. Bugs è arrivato proprio nel bel mezzo di... Venezia, insieme a Titti e a Silvestro. Titti è venuto qui per una vacanza e Silvestro è venuto per godersi un buon pranzetto italiano... Pizza alla Titti!

Trova Bugs, Silvestro e Titti.
Poi trova gli altri oggetti marini.

Bugs Bunny

Silvestro e Titti

Un serpente marino

Una sirena

Sinbad

La bandiera
dei Pirati

Il Pesce volante

Polpoliziotto

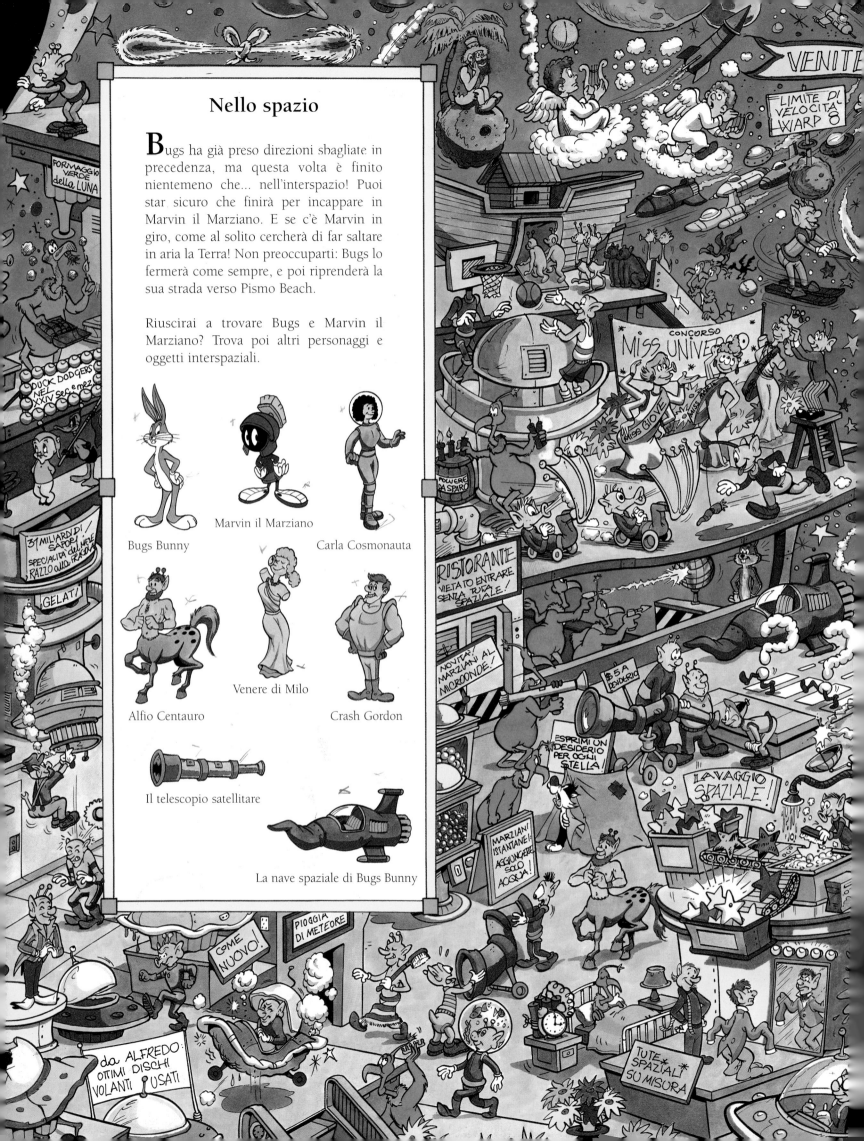

Nello spazio

Bugs ha già preso direzioni sbagliate in precedenza, ma questa volta è finito nientemeno che... nell'interspazio! Puoi star sicuro che finirà per incappare in Marvin il Marziano. E se c'è Marvin in giro, come al solito cercherà di far saltare in aria la Terra! Non preoccuparti: Bugs lo fermerà come sempre, e poi riprenderà la sua strada verso Pismo Beach.

Riuscirai a trovare Bugs e Marvin il Marziano? Trova poi altri personaggi e oggetti interspaziali.

Bugs Bunny

Marvin il Marziano

Carla Cosmonauta

Alfio Centauro

Venere di Milo

Crash Gordon

Il telescopio satellitare

La nave spaziale di Bugs Bunny

Nella giungla

Un'altra svolta sbagliata e Bugs è arrivato nella giungla, a faccia a faccia con le creature più feroci e affamate della Terra. Il Diavolo della Tasmania, noto anche come Taz, adora mangiare formichieri, castori, *conigli*, koala, scimmie, *conigli*, gnu, buoi tibetani, zebre; ma soprattutto *conigli*! Il nostro amico mangiacarote dovrà stare attento a dove mette i piedi. Bugs si divertirà di più a Pismo Beach se rimane tutto d'un pezzo.

Trova Bugs Bunny e Taz, e poi trova gli abitanti della giungla.

Bugs Bunny

Taz

Il Capo

Un leone
elegantone

Un cacciatore

Il Dottor
Livingstone

Sheila

Un muckoala

A teatro

Malgrado Bugs durante questo viaggio sia finito in luoghi selvaggi e lontani, Taddeo è riuscito comunque a rimanere sulle sue tracce. Bugs si è fermato per una breve sosta in questo teatro, sperando di riuscire a seminare Taddeo nella folla. Non è sicuramente Pismo Beach, ma Bugs può comunque divertirsi un po' qui prima di ripartire.

Trova Bugs e Taddeo nella folla, e poi cerca di localizzare i personaggi teatrali.

Bugs Bunny

Taddeo

Le tre Streghe

Amleto

Il Fantasma dell'Opera

Leopoldo

Brunilde

Cecilio Panelatte

A Parigi

Bugs è veramente stanco di sbagliare strada. Ma se proprio devi prendere una strada sbagliata, tanto vale prendere quella ti che porta a Parigi! Questa è una città splendida: amore, cibi squisiti e dolci profumi. Tra i tanti profumi, però, ce n'è uno non proprio dolce... Appartiene a Pepe Le Pew, come sempre a caccia della sua amata Penelope.

Trova Bugs, Pepe Le Pew e Penelope, e poi trova tutte le cose francesi.

Bugs Bunny

Pepe Le Pew

Penelope

Giovanna d'Arco

Un piatto di lumache

Un corno francese

Napoleone

Il Re Luigi XIV

A Pismo Beach

Ed ecco infine Pismo Beach!! Che viaggio, ragazzi! Bugs è finalmente riuscito a raggiungere il suo luogo di vacanza preferito. Adesso può rilassarsi e godersi un meritato riposo con i suoi amici Looney Tunes!

Quanto a te, cerca gli altri amici che saltellano allegramente nel sole e nella sabbia e... se volti pagina altri personaggi nascosti ti aspettano!

Silvestro

Taz

Road Runner

Taddeo

Yosemite Sam

Daffy Duck

Marvin il Marziano

Pepe Le Pew

Continua a cercare...

Nella foresta

Daffy Duck non ha avuto il suo nome per caso. Questa piccola anatra nera è sicuramente l'uccello acquatico più pazzoide mai visto. Guarda se ti riesce di trovare queste altre cose un po' pazze che corrono libere nella foresta.

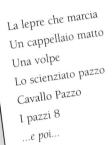

La lepre che marcia

Un cappellaio matto

Una volpe

Lo scienziato pazzo

Cavallo Pazzo

I pazzi 8

...e poi...

Titti

Silvestro

Due pinguini

Sam il cane pastore

Pepe Le Pew

Un unicorno

Nel deserto

Wile E. Coyote ha più congegni folli di quanti ne possa usare. Ritorna alla pagina del deserto e trova alcune delle cose che usa per costruire le sue trappole geniali e stravaganti.

Pattini con i razzi

Boomerang esplosivo

Una mazza di legno gigante

Due tonnellate

Una fionda

Un'incudine

Un grande elastico

Una calamita gigante

...e poi...

Daffy Duck

Due surfisti

Un mammut

Bip Bip

Un cammello e un dromedario

Un porcospino

Due capre con le ventose

Taddeo

Nel Far West

Yosemite Sam dice di essere l'hombre più duro, più violento ed anche il grilletto più veloce a nord del Rio Grande... Certo non è un rammollito! Vai alla città del Far West e trova questi altri tipi "duri e violenti".

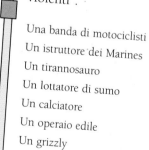

Una banda di motociclisti

Un istruttore dei Marines

Un tirannosauro

Un lottatore di sumo

Un calciatore

Un operaio edile

Un grizzly

Un tagliaboschi

...e poi...

La Nonna

Uno squalo

Un giocatore di football

Daffy Duck

Un subacqueo

Petunia

Pepe Le Pew

Penelope

A Venezia

Di sicuro Silvestro non avrà Titti per pranzo, ma deve per forza avere qualcosa da sgranocchiare. Cerca di trovare questi "cibi" che Silvestro potrà mangiare di gusto per pranzo lungo i canali di Venezia.

Un panino sottomarino

Una pentola con dei pesci

Zuppa di vongole

Topo al cioccolato

Un piattino con del latte

Spaghetti

Pizza

...e poi...

Un'orca

Taz

Un uomo nella vasca da bagno

Foghorn

Henery Hawk

Una balena

Pallino

Ettore